チャンスをつかみとれ！
人生を変える14の物語

大澤史伸［著］

日本地域社会研究所

コミュニティ・ブックス

はじめに

本書は、２０１１年に出版した著書『聖書のパワー物語　人生を変える20の秘訣』（日本地域社会研究所）のパート2になります。前書は私が名古屋学院大学人間健康学部、スポーツ健康学部の教員時代に大学礼拝で学生たちに語った聖書のメッセージ、本書は私が現在、勤務している東北学院大学（宮城県仙台市）の学生たちに大学礼拝で語ったメッセージになります。テーマは、「人生を変える秘訣」について扱っています。

私は、名古屋から仙台に引っ越した2日後の3月11日に東日本大震災に遭遇しました。私は引っ越したばかりのマンションで、引っ越しの荷解きをしていたのですが、突然食器棚やテレビが飛んできて、立ってはいられず、慌てて机の下に避難しました。本当にこの世が終わるのではないかと思いました。ライフラインが全く止まり、食べるものもなく、めちゃくちゃになったマンションで数日を過ごしました。

出席予定だった名古屋学院大学の卒業式は出席できず、４月から赴任予定だった東北学院大学の入学式も中止で、大学は5月から始まるという具合でした。前書の『聖書のパワー物語　人生を変える20の秘訣』はそのような状況の中で書き上げたのです。半壊

書き上げたのです。状態のマンションの部屋で聖書を何度も読みつつ、時には、涙を流しながら無我夢中で

東北学院大学に来て、今年で8年目を迎えます。私は大学で「社会福祉論」「福祉サービス論」等を担当している教員です。キリスト教の牧師でもなければ、キリスト教を専門にする研究者でもありません。そのような私が聖書から教えてもらった「人生を変える秘訣」「チャンスをつかみとるための方法」について大学礼拝で学生達に一生懸命に伝えさせていただきました。

学生たちはもちろんのこと、ビジネスマン、アスリート、今の自分を少しでも変えたい、変わりたいという願いを持つ全ての方々に本書をお勧めしたいと思います。聖書から自分の人生を変えるためのポイントを大いに学んで下さい。私自身も聖書の語る「人生を変えるための秘訣」を実行していきたいと考えています。

さあ、本書から聖書の語っている14のメッセージに耳を傾けて、「あなた」の目の前のチャンスをつかみとってください。

大澤史伸

目次

表紙カバー・本文イラスト
田中淳（トゥルース）

メッセージ1

さて、イエスは通りすがりに、生まれつき目の見えない人を見かけられた。弟子たちがイエスに尋ねた。「ラビ、この人が生まれつき目が見えないのは、だれが罪を犯したからですか。本人ですか。それとも、両親ですか。」イエスはお答えになった。「本人が罪を犯したからでも、両親が罪を犯したからでもない。神の業がこの人に現れるためである。わたしたちは、わたしをお遣わしになった方の業を、まだ日のあるうちに行わねばならない。だれも働くことのできない夜が来る。わたしは、世にいる間、世の光である。」

こう言ってから、イエスは地面に唾をし、唾で土をこねてその人の目にお塗りになった。そして、「シロアム――『遣わされた者』という意味――の池に行って洗いなさい。」と言われた。そこで、彼は行って洗い、目が見えるようになって、帰って来た。

聖書箇所：ヨハネによる福音書9章1節～7節

私は、綾瀬はるかという女優が好きです。綾瀬はるかは、皆さんもご存じのように、2004年に放送された「世界の中心で愛を叫ぶ」に主演しました。平均視聴率16・0％、この作品は、映画同様大ヒットをし、ザ・テレビジョンの第42回ドラマアカデミー賞で最優秀作品賞を含む9冠を達成しました。そして、綾瀬はるかは助演女優賞を受賞しています。

彼女はこの作品で、ガンに冒されたヒロインを演じる為に、自分の髪の毛をそり、なんと体重を6キロ落としています。さらに、最終回では健康で元気だった頃の回想シーンを演じるために1週間で4キロ体重を増やしたのです。

このドラマは綾瀬はるかの出世作となり、それ以後の活躍ぶりは皆さんもよくご存知のはずです。この作品と出会う前の綾瀬はるかは、ほとんど仕事がなく、たまに雑誌モデルをするというぐらいでした。綾瀬はるかはこの「世界の中心で愛を叫ぶ」という一つのテレビドラマとの出会いにより、その後の自分の人生を大きく変えることになりました。

今日の聖書にも自分の人生を一つの出会いによって変えることのできた男の話が出てきます。自分の人生を変えるための秘訣を共に学んでいきましょう。

①人生のマイナスはプラスに変わることを知ること

新約聖書ヨハネによる福音書第９章を開いて下さい。ここで一人の生まれつき目の見えない人が出てきます。イエスの弟子がイエスに聞きます。２節を読みます。「ラビ、この人が生まれつき目が見えないのは、だれが罪を犯したからですか。本人ですか。それとも、両親ですか。」

この当時のユダヤ人は、病気や不幸と本人が犯した罪との間に何らかの因果関係があると信じていました。つまり、この人が病気や怪我をしたり、不幸になったのは、本人か両親かが悪いことをしたから神様からばちが当たったという考えです。

しかし、イエスは次のように答えています。３節を見て下さい。イエスはお答えになった。「本人が罪を犯したからでも、両親が罪を犯したからでもない。神の業がこの人に現れるためである。」弟子たちがこの目の見えない人の原因を尋ねていることに対して、イエスは原因ではなく目的を答えているのです。しかも「神の業がこの人に現れるためである。」と。

つまり、弟子たちにとっては目が見えないということはマイナスであると考えたことに対して、イエスは神の業が現れるというプラスの出来事であるということを弟子たちに教えているのです。私たちの目ではマイナスであると思えることも実はプラスであると考えることが自分の人生を変えるためには必要なことなのです。

②時間を大切にすること

次にイエスは、４節で「わたしたちは、わたしをお遣わしになった方の業を、まだ日のあるうちに行わねばならない。だれも働くことのできない夜が来る。」とあります。これは文字通り、なすべきことを昼の間に行わなければならない、ということです。私たちは時間は永遠にあると思いがちです。でも、そうではありません。いつか終わりが来るのです。人間にとって、それは死である場合もあれば、したくてもできない状況かもしれません。

いずれにしましても、限られた時間を有効に使うことが人生を変えるためには必要であることは間違いがありません。

③行動を起こすこと

次に6節から見て下さい。こう言ってから、イエスは地面に唾をし、唾で土をこねてその人の目にお塗りになった。そして、「シロアム――『遣わされた者』という意味――の池に行って洗いなさい。」と言われた。そこで、彼は行って洗い、目が見えるようになって、帰って来た、とあります。

ここでは、イエスの癒しの行為が具体的に記されています。唾と泥をこねて目の見えない人に塗ると言うと、何だか汚いと思うかもしれませんが、古代世界においては、それはごく普通のことでした。そして、つばきと泥を塗られた目をシロアムという池に行って洗えと言うのです。シロアムの池は、幅六メートル、長さ九メートルの屋外貯水池でした。

目の見えない男は、イエスの言葉を信じて行動を起こすのです。そして、結果は今、読んだとおりに目が見えるようになったのです。

イエスは神の子ですから、すぐに目を癒すこともできましたが、ここではあえて違う方法を取っているのです。唾と泥をこねて目に塗り、さらに、シロアムの池に行かせて洗わせるというかなり細かい方法を取っています。

自分の人生を変えるには、信じて行動を起こすということが大切であることがわかります。

最後にこんな話をして終わりたいと思います。星野富弘という人がいます。彼は体育教師だったのですが不慮の事故で、首から下が完全に麻痺してしまいました。彼は何度も自殺を試みます。ある時、病院を訪問していたキリスト教会からもらった聖書を読み、①人生のマイナスはプラスに変わることを知り、②入院している時間を大切にして、③口に絵筆をくわえて文字や絵を書くという行動を起こすことによって、現在は、口に絵筆をくわえて絵と文字を書く、芸術家としての新たな人生を歩んでいます。

自分の人生を最高に生きていくためには

①人生のマイナスはプラスに変わることを知ること
②時間を大切にすること
③行動を起こすこと

メッセージ2

主はついに、モーセに向かって怒りを発して言われた。「あなたにはレビ人アロンという兄弟がいるではないか。わたしは彼が雄弁なことを知っている。その彼が今、あなたに会おうとして、こちらに向かっている。あなたに会ったら、心から喜ぶであろう。彼によく話し、語るべき言葉を彼の口に託すがよい。わたしはあなたの口と共にあり、また彼の口と共にあって、あなたたちのなすべきことを教えよう。彼はあなたに代わって民に語る。彼はあなたの口となり、あなたは彼に対して神の代わりとなる。

聖書箇所：出エジプト記4章14節〜16節

私は、よくテレビに出ているローラが好きです。ローラを見ていると、とても可愛くて、面白くて、落ち込んだ時には元気が出てきます。ローラは、１９９０年生まれ、東京都出身で、父親がバングラデシュ人で母親が日本人とロシア人のクォーターです。モデルとしては雑誌「ＶｉＶｉ」によく出ています。会話の直後に舌を出したり頬を膨らませたり、どんな相手にもため口をするというキャラクターでとても人気があります。

そんなローラの人生を変えた番組が、現在も放送していますが、バラエティ番組の「しゃべくりセブン」という番組です。２０１０年6月にモデル仲間と一緒に出演をしました。これをきっかけとしてバラエティ番組への出演が増加します。２０１１年には出演番組数が前年の38本からなんと約5倍の２００本に増え、２０１２年４月からは昼のバラエティ番組「笑っていいとも！」にレギュラー出演をしていました。

ローラは、一つのテレビ番組との出会いによりその後の自分の人生を大きく変えることになりました。今日の聖書の中にも自分の人生を一つの出会いによって変えることのできた男の話が出てきます。自分の人生を変えるための秘訣を共に学んでいきましょう。

①良きパートナーを持つこと

旧約聖書出エジプト記4章を開いて下さい。ここに一人の男が出てきます。名前をモーセと言います。神様が現れて、モーセにイスラエル民族を救いなさいと言いますが、モーセは断るのです。10節を見て下さい。それでもなお、モーセは主に言った。「ああ、主よ。わたしはもともと弁が立つ方ではありません。」ようするに、モーセは自分は口下手ですからできませんと断ったのです。

それに対して、神様は、14節で、主はついに、モーセに向かって怒りを発して言われた。「あなたにはレビ人アロンという兄弟がいるではないか。わたしは彼が雄弁なことを知っている。その彼が今、あなたに会おうとして、こちらに向かっている。あなたに会ったら、心から喜ぶであろう。」そして、16節で、「彼はあなたに代わって民に語る。彼はあなたの口となり、あなたは彼に対して神の代わりとなる。」

つまり、自分ができないことを無理にするのではなくて、自分ができないことができるパートナーを持ちなさいと言っているのです。私たちは知らなくてはなりません。できないことを努力してすることはもちろん、良いことですが、場合によっては自分ができないことを良くできるパートナーを持つことも必要なのです。自分の人生を変えるためには良きパートナーを持つことが大切なのです。

②自分の持っているもので勝負をすること

モーセはこの当時、羊飼いをしていました。羊飼いはいつも杖を持っています。その杖で羊の世話をしていたのです。神様はその杖を持って行けと言います。17節を見て下さい。「あなたはこの杖を手に取って、しるしを行うがよい。」とあります。このことからわかることは、自分の持っているものを大切にするということです。でも、ちょっとカッコ悪いですよね。イスラエル民族を助けるのに、羊飼いの杖を持っていくなんて。

でも、実はこのことが非常に重要なのです。自分の持っているものを大切にしなくてはなりません。これは、文字通りの杖ではなくて、モーセの持っている知識、経験、技術、環境、全てを使ってイスラエル民族を救いなさいということです。人から見たらカッコが悪いかもしれませんが、神様が私たちに与えて下さった全てのものを使って人生を生きる時に勝利は与えられるのです。自分の持っているもので勝負をすることが大切なのです。

③失敗の人生に別れを告げること

モーセという男は、過去に大失敗をしています。彼はイスラエル人として生まれますが、あることをきっかけにエジプトの王子様として育てられるようになります。ある時、イスラエル人を救おうとして、誤ってエジプト人を殺してしまうのです。モーセは人殺しをしてしまったのです。そして、エジプト人から復讐されることを恐れて、エジプトの国から逃亡するのです。彼はエジプトの王子という地位を捨て、殺人者として、そして、逃亡者としてエジプトから逃げるのです。その後、ミデヤンの地で羊飼いをして、40年間を過ごすのです。

彼は失敗者として人生を過ごしていたのです。でも、彼は神様との出会いによってもう一度、イスラエル民族を救うことを決心しました。彼は、過去の失敗に別れを告げて、新たな人生を送ろうとするのです。私たちは知らなくてはなりません。人生を変えるためには、過去の失敗に別れを告げなくてはならないのです。

最後にこんな話をして終わりたいと思います。

進藤龍也（しんどう・たつや）という人がいます。彼は、けんかで高校を中退後、暴力団に入り10年後、組長代行になりますが、覚せい剤の打ちすぎで組を破門されます。そして、三度目の服役中に聖書を読み、クリスチャンになります。その後、神学校に行き、現在、牧師として新聞、雑誌、テレビ等に取り上げられるなど大活躍をしています。

彼は、①奥さんをはじめとする良きパートナーを持ち、②彼には、小指がありません、そして、入れ墨をしています。学歴は、高校中退、そして、前科七犯です。でも彼は自分の持っているもので人生に勝負をし、③過去の失敗の人生に別れを告げること、によって新しい人生を歩んでいます。

自分の人生を最高に生きるためには

①良きパートナーを持つこと
②自分の持っているもので勝負をすること
③失敗の人生に別れを告げること

メッセージ3

さて、そこに三十八年も病気で苦しんでいる人がいた。イエスは、その人が横たわっているのを見、また、もう長い間、病気であるのを知って、「良くなりたいか」と言われた。病人は答えた。「主よ、水が動くとき、わたしを池の中に入れてくれる人がいないのです。わたしが行くうちに、ほかの人が先に降りて行くのです。」

イエスは言われた。「起き上がりなさい。床を担いで歩きなさい。」すると、その人はすぐに良くなって、床を担いで歩きだした。

聖書箇所：ヨハネによる福音書5章5節～9節

私は日本ハムファイターズの栗山英樹監督のファンです。もちろん監督としての栗山も好きですが、選手時代の栗山英樹も大好きでした。

栗山英樹は、教員を目指すために国立・東京学芸大学に進学をしました。学生時代、投手としては通算25勝8敗、打者としては打率3割8分9厘と大活躍をします。プロ野球選手になりたいと思った栗山はヤクルトスワローズの入団テストを受けて、ドラフト外で入団をします。しかし、プロ2年目から平衡感覚が狂う難病であるメニエール病に苦しむようになり、29歳で引退をします。

その後、2012年から北海道日本ハムファイターズの監督を務めます。日本のプロ野球の監督で、国立大学出身・大学教授の経歴を持つ人物は史上初めてだそうです。

その栗山監督の好きな言葉が「夢は正夢」だそうです。彼はこの言葉を信じて今まで、がんばってきたそうです。一つの言葉との出会いが自分の人生を変えるということは私達の人生の中にもあるのではないでしょうか?

今日の聖書の話も一人の人との出会い、そして、一つの言葉との出合いによって自分の人生を変えることのできた男の話が出てきます。自分の人生を変えるための秘訣を共に学んでいきましょう。

①希望を失わないこと

新約聖書ヨハネによる福音書第5章を開いて下さい。2節から読みます。エルサレムには羊の門の傍らに、ヘブライ語で「ベトザタ」と呼ばれる池があり、そこには5つの回廊があった。3節、この回廊には、病気の人、目の見えない人、足の不自由な人、体の麻痺した人などが、大勢横たわっていた。5節、さて、そこには38年間も病気で苦しんでいる人がいた、とあります。

つまり、「ベトザタ」と呼ばれる池の周りに大勢の病人たちがいたということです。なぜ、その池の周りに大勢の病人たちがいたのかというと、この「ベトザタ」という池は、泳ぐことができるほどの深さで、池の底には地下水が流れていて、ときどき、流れは泡だって、池の水を攪乱していました。この攪乱は天使が引き起こすのであり、天使が泡立たせてから、最初に池に飛び込む者はどんな病気も癒されると信じられていたのです。

つまり、医者にも見放されたような病人たちが奇跡を信じて「ベトザタ」の池の周りに集まっていたのです。そんなところに、38年間も寝たきりの男がいたのです。彼は、慢性病を患っていて、体に障がいもあり、天使が水を泡立たせてくれても自分で最初に水に入ることはできなかったので、なんと38年間も病気が癒されずに、ずっと寝たきりの生活を送っていたのです。

そんな男にイエスは声をかけられるのです。6節を見て下さい。イエスは、その人が横たわっているのを見、また、もう長い間、病気であるのを知って、「良くなりたいか」と言われた。7節、病人は答えた。「主よ、水が動くとき、わたしを池の中に入れてくれる人がいないのです。わたしが行くうちに、ほかの人が先に降りて行くのです。」

ここで注意しておいてほしいのは、この病気の男は決して希望を失っていないことです。38年間も寝たきりの生活をしているので、イエスの「良くなりたいか」という問いかけに対して無視することもできるし、あるいは、逆切れすることもできます。でも、この男は自分の置かれている状況をイエスに説明をしているのです。自分の人生を変えるためには、そして、奇跡を起こすためには決して希望を失ってはいけないことがわかります。

②自分のできることをすること

この希望を失っていない男にイエスは命令をします。8節を見て下さい。イエスは言われた。「起き上がりなさい。床を担いで歩きなさい。」とあります。みなさんは、不思議に思いませんか？　なぜ、イエスはこの病気の男に対して「起き上がりなさい。」とだけ言わなかったのですか？　病気を癒すだけだったら「起き上がりなさい。」だけでも十分です。しかし､イエスはあえて「床を担いで歩きなさい。」と命令しているのです。

つまり、ここからわかることは、自分の人生を変えるためには、自分の人生に奇跡を起こすためには、自分のできることをすることが大切であることです。この病気の男は自分で自分の寝ていた床を担いで歩くという役割をすることが必要だったのです。私たちは知らなくてはなりません。自分の人生を変えることは、自分の人生に奇跡を起こすことは神様と自分自身との共同作業であるということを。自分は何もしないで、自分の人生を変える、あるいは、自分の人生に奇跡を起こすことは絶対にありません。自分のできることを一生懸命にするときに神は奇跡を起こしてくださるのです。

③スピードを大切にすること

９節を読みます。すると、その人はすぐに良くなって、床を担いで歩きだした。ここで私が注目したのは「すぐに」という言葉です。聖書を読むとよく「すぐに」という言葉が出てきます。例えば、すぐに従った、すぐにお呼びになった、すぐに捨ててとかです。つまり、自分の人生を変えるためには、あるいは、自分の人生に奇跡を起こすためには、スピードが大切であることがわかります。

時間をかけてじっくりすることも大切ですが、時には迷わず、思い切って「すぐに」取りかかることが重要なのです。この男もイエスの呼びかけに対して、すぐに応答し、すぐに行動を起こしていることがわかります。この男はそのスピードを大切にすることによって自分の人生を変え、自分の人生に奇跡を起こすことができたのです。

最後にこんな話をして終わりたいと思います。

私が以前いた大学に聖隷クリストファー大学という大学があります。看護、福祉、リハビリ関係の大学では日本でも有数の大学です。その大学の創立者は長谷川保といいます。彼は商業高校を卒業後、クリーニング店を開業しながら、当時、死の病と言われた結核患者の収容施設をつくります。しかし、社会の賛同がなかなか得られず、大迫害を受けます。長谷川は、その迫害に耐え、次々に事業を拡大します。現在、聖隷は、日本最大の医療福祉事業団として、日本全国に事業を展開しています。

長谷川保はもう既にこの世におりませんが、彼は、①どんな迫害があっても決して希望を失わず、②奇跡を信じて自分のできることを一生懸命にしました、③ものすごいスピードでもって事業展開をしていったのです。

長谷川保の人生はそして、彼の創立した聖隷、は現在でも奇跡を起こし続けているのです。

自分の人生を最高に生きていくためには

①希望を失わないこと
②自分のできることをすること
③スピードを大切にすること

Hope
聖隷社クリーニング店

メッセージ4

「いちじくの木から教えを学びなさい。枝が柔らかくなり、葉が伸びると、夏の近づいたことが分かる。それと同じように、あなたがたは、これらのことが起こるのを見たら、人の子が戸口に近づいていると悟りなさい。はっきり言っておく。これらのことがみな起こるまでは、この時代は決して滅びない。天地は滅びるが、わたしの言葉は決して滅びない。」

聖書箇所：マルコによる福音書13章28節〜31節

みなさんは、２０１３年6月4日のサッカー、オーストラリア戦をご覧になりましたか。本田圭佑選手が試合後半終了間際にＰＫを決め、ブラジルワールドカップ出場を決めました。

私は本田圭佑選手の大ファンです。彼は、１９８６年6月13日生まれ、大阪府摂津市出身のプロサッカー選手です。現在、ロシア・プレミアリーグでミッドフィールダー、フォワードとして大活躍をしています。

私はサッカー選手としての本田選手はもちろん好きですが、彼の話す言葉が大好きです。彼は、プライベートでは、いつも両腕に腕時計をつけています。ある時、「なぜ、腕時計を両腕にはめているのか？」について尋ねられた時、本田選手は「誰が時計は片腕って決めたん？」と言っていました。でも、本当は、「一つはロシア時間、もう一つは日本時間」だそうです。

また、彼はこんなことも言っています。「1年後の成功を想像すると、日々の地味な作業に取り組むことができる。」とか、「オレは神様はいると信じてる。今まで、オレが苦しんでいる時、必ず神様は後でご褒美をくれた。」

いずれにしても本田選手の言葉は私たちにいろいろなことを教えてくれていると思い

ます。

さて、それでは、聖書の神であるイエス・キリストはどんな言葉を言っているのでしょうか？　共に学んでいきたいと思います。

マルコによる福音書13章28節から読みます。

「いちじくの木から教えを学びなさい。枝が柔らかくなり、葉が伸びると、夏の近づいたことが分かる。それと同じように、あなたがたは、これらのことが起こるのを見たら、人の子が戸口に近づいていると悟りなさい。はっきり言っておく。これらのことがみな起こるまでは、この時代は決して滅びない。天地は滅びるが、わたしの言葉は決して滅びない。」

これはイエス・キリストが私たちに語っている言葉です。このところから自分の人生を変える秘訣について学んでいきたいと思います。ポイントは三つあります。

①自分を取り巻く全ての状況から学ぶこと

「いちじくの木から教えを学びなさい」とあります。私たちは先生や親や友達から学ぶことが多いかと思いますが、イエスは「いちじくの木から教えを学びなさい」と言っています。これはどういうことかと言うと、私たちは動物や植物からもいろいろなことを学ぶことができるということです。つまり、自分を取り巻く全ての状況から学ぶことが大切であるということです。

私たちは、何か、大学に行けば学ぶことができる。本を読めば学ぶことができると思ってはいないでしょうか。そんなことは、ありません。私たちは自分を取り巻く全ての状況から学ぶことができるのです。赤ちゃんからも小さな子供からも自然環境からもです。そのためのポイントは、聖書にもあるように、「悟ること」つまり、「気づくこと」が大切です。このことを忘れてはいけません。

②時間には終わりがあること

次に、「はっきり言っておく。これらのことがみな起こるまでは、この時代は決して滅びない。」とあります。これはどういうことかというと、「これらのことがみな起こるまでは、この時代は決して滅びない。」ということは、逆に「これらのことがみな起こると、この時代は絶対滅びる。」と言い換えることもできます。つまり、時代はもちろんですが、私たちの人生も必ず終わりがあるということです。

人間はいつか必ず死にます。国が滅びることもあります。このことは、ニュースを見るまでもなく、歴史を学ぶなかでも知ることができます。どんなに、すごい人でも死に、どんなに強い国でも滅びるのです。私たちは必ず死ぬのです。だから、本当に自分のしたいこと、しなくてはならないことのために生きなくてはならないのです。イエスは、大切な教えの一つとして、このところで時間には必ず終わりが来るということを私たちに語っているのです。

③無くならないものを求めること

イエスは、「天地は滅びるが、わたしの言葉は決して滅びない。」と言っています。このことから私たちが学ばなくてはならないことは、「滅びないもの」つまり、「決して無くならないものを求める」ことが大切であることが分かります。

例えば、就職もそうです。どこの会社に入るということが目的となってしまうと、会社はいつかなくなることもあります。でも、会社ではなくて決して無くならない分野、業種で選ぶならば、たとえ、会社がなくなっても、転職をすることが可能になります。

私は、今、自分がやっている「社会福祉」や「キリスト教」というものが決して無くならないと考えています。例えば、社会福祉の知識や技術はどこの国も社会も必要です。もちろん、キリスト教も今まで２０００年以上も続いているので無くなるということは考えられないですよね。自分の人生を無くならないもののために使っていくことが大切です。

最後にこんな話をして終わりたいと思います。アメリカにデール・カーネギーという人がいました。彼は、大学を卒業してから、教師、俳優、セールスマンなどをしますが、どの仕事も上手くいきませんでした。彼は、ベッドに横になって、いろいろなことを考えました。

今日も話したように、デール・カーネギーは、①自分の今までの人生を振り返りながら学びました。そして、②限りある自分の残りの人生を、③決してなくならない「話し方」と「悩み」を解決するための仕事をしたのです。それが、今、全世界で開かれている「デール・カーネギーコース」の学びです。あのアメリカの歴史で最も有名な大統領であるジョン・F・ケネディーや世界一のお金持ちであるウォーレン・バフェット氏なども卒業生です。

また、デール・カーネギーの書いた『人を動かす』、『道は開ける』、『心を動かす話し方』は、全世界で常にベストセラーになっています。もちろん、日本でもそうです。ちなみに、大学の生協にも置いてあります。

いずれにしましても、今日の聖書にあるように、私たちは、①自分を取り巻く全ての状況から学ぶこと、②時間には終わりがあることを知ること、③無くならないものを求めることによって、自分の人生を最高に生きていこうではありませんか。

あなたの人生を変えるために大切な三つのポイント

①自分を取り巻く全ての状況から学ぶこと
②時間には終わりがあることを知ること
③無くならないものを求めること

メッセージ5

また、天の国は次のようにたとえられる。商人が良い真珠を探している。高価な真珠を一つ見つけると、出かけて行って持ち物をすっかり売り払い、それを買う。

聖書箇所：マタイによる福音書13章45、46節

みなさんは、「リーガルハイ」というドラマを見ていましたか？　訴訟で一度も負けたことがない敏腕弁護士・古美門研介（こみかど・けんすけ）と真面目で正義感の強い新米弁護士・黛真知子（まゆずみ・まちこ）の二人が繰り広げるコメディタッチの弁護士ドラマです。

主人公の古美門研介を堺雅人、新米弁護士・黛真知子を新垣結衣が演じています。私は、このドラマで主人公の弁護士役を演じている堺雅人が大好きです。堺雅人は、１９７３年生まれ。高校時代に通産省の官僚を目指し、早稲田大学に進学するも中退して、俳優の道に入りました。早稲田大学を中退したことがキッカケで親から勘当され、７年間も音信不通だったそうです。俳優で食べていけるまではドーナツ屋や引っ越し屋など多数のアルバイトをしていました。

その彼が今は、２０１３年７月期放送で、主演をつとめた連続ドラマ「半沢直樹」では、最終回の平均視聴率が関西地区では45・５％で歴代１位、関東地区は42・２％で歴代４位と大ヒットとなりました。平成以降に放送されたテレビドラマでは、歴代１位の大記録となりました。堺雅人が演じる半沢の決め台詞「倍返しだ」がブームになったことは記憶に新しいと思います。

堺雅人は早稲田大学を中退して、親にも勘当され、長いアルバイト生活をしていましたが、彼は自分のなりたかった夢を実現したのです。

今日の聖書箇所は聖書の主人公であるイエスが天の国に入る方法、つまり、自分の夢をかなえ、幸せの人生を送るための秘訣について語っているのです。共に聖書を学んでいきましょう。

これはイエス様が天の国に入るための方法について、私たちに語っている言葉なのです。このところから自分の人生を変え、素晴らしい人生を送るための秘訣について３つのポイントから学んでいきたいと思います。

①明確な目標を持って生きること

45節では、こう書いてあります。「商人が良い真珠を探している。」と。幸せな人生を送るためには、明確な目標を持って生きることです。この商人の目標は良い真珠を探すことがその目標だったのです。聖書の時代、真珠は紅海で取れましたが、質的にはペルシャ湾の真珠のものが最良とされていました。真珠は生物から取ることの出来るただ一つの宝石です。聖書時代の人々は真珠をとても高価なものとしていました。

次に、「良い真珠」と書いてありますので、ただ、真珠を探していたのではありません。真珠なら何でも良いのではなくて、本当に質の良い真珠を探すという明確な目標をもって探していたということがわかります。この商人は丸形で傷のない質的にも良い真珠を探し求めていたと思われます。

人生に明確な目標を持って生きること、このことによって私たちは自分の人生を最高に生きることができるのです。

②一つのことに集中して生きること

46節では、こう書いてあります。「高価な真珠を一つ見つけると」と。幸せな人生を送るためには、一つのことに集中して生きることが大切であることがわかります。やりたいことをあれこれやるのではありません。自分が本当にやりたい、自分にとって本当に必要なことを一つ決めて、それに全力を挙げるのです。

この商人は、高価な真珠一つを見つけることに自分の全人生をかけたのです。「あなた」

は何に人生をかけますか？　何にでも手を出す人は結局、何も実現しないで人生を終えてしまう可能性があります。日本でもことわざにありますよね。「二兎を追うものは一兎をも得ず」と。この商人は、自分にとって価値のあるたった一つのことに集中をして、それを掴みに行くのです。

一つのことに集中して生きること、このことによって私たちは自分の人生を最高に生きることができるのです。

③何かを捧げて生きること

46節を見て下さい。「高価な真珠を一つ見つけると、出かけて行って持ち物をすっかり売り払い、それを買う。」とあります。商人は、持ち物全部を売り払い、高価な真珠一つを買うのです。言い換えるならば､真珠一つと商人の全財産を交換しているのです。

これはどういう意味かというと、私たちは何かを得るためには何かを与えたり、捧げたりしなくてはならないということです。それは、その人にとっては時間かもしれませんし、お金であるかもしれません。いずれにしても、何かを手に入れるためにはそれに匹敵するものを差し出さなくてはなりません。

自分は何かを捧げたり、与えたりするのは嫌だというならば、何も手に入れることなく自分の人生を終えなくてはならないのです。「ギブ・アンド・テイク」という言葉を思い出して下さい。まず、ギブ、つまり与えることが先ですよね。何かを与えて生きるからこそ何かを掴むことができるのです。あなたは何を与えて、そして、捧げながら生きるつもりですか？　そのことがあなたの人生を決定するのです。


最後にこんな話をして終わりたいと思います。滋賀県に知的障害の子供たちが生活している「止揚学園」という福祉施設があります。そこのリーダーは福井達雨先生です。私も大変、お世話になっている先生です。福井先生は、もともとは牧師を目指すために同志社大学神学部に進学しますが、大学2年生の時に出会った重い知的障害を持つ子供との出会いを通して、牧師になることを辞め、重い知的障害の子供たちと生きることを決心します。

福井先生は、重い知的障害の子供たちと共に生きるという明確な目標を持ち、自分の全ての時間、お金、人生を捧げて、滋賀県に止揚学園という日本で最も小さな施設を設立するのです。ある時は、お金がなくて食べることもできないこともありましたが、今やその止揚学園には全世界から見学者が訪れています。

今日の聖書にもあるように、私達も自分の人生を変え、幸せな人生を送るために、①明確な目標を持ち、②一つのことに集中をして、③何かを捧げて生きることを実践していこうではありませんか。

自分の人生を変え、素晴らしい人生を送るためには

①明確な目標を持って生きること
②一つのことに集中して生きること
③何かを捧げて生きること

学園
Goal

メッセージ６

ペトロとヨハネが、午後３時の祈りの時に神殿に上って行った。すると、生まれながら足の不自由な男が運ばれて来た。神殿の境内に入る人に施しを乞うため、毎日「美しい門」という神殿の門のそばにおいてもらっていたのである。彼はペトロとヨハネが境内に入ろうとするのを見て、施しを乞うた。ペトロはヨハネと一緒に彼をじっと見て、「わたしたちを見なさい」と言った。その男が、何かもらえると思って二人を見つめていると、ペトロは言った。「わたしには金や銀はないが、持っているものをあげよう。ナザレの人イエス・キリストの名によって立ち上がり、歩きなさい。」そして、右手を取って彼を立ち上がらせた。すると、たちまち、その男は足やくるぶしがしっかりして、躍り上がって立ち、歩きだした。そして、歩き回ったり踊ったりして神を賛美し、二人と一緒に境内に入って行った。

聖書箇所：使徒言行録３章１節～８節

２０１３年にブレイクした芸能人として皆さんは誰をあげるでしょうか？　オリコン・モニターリサーチによると全国の10代から40代までの男女計１０００名にインターネット調査を行なったところ、第1位に選ばれたのが能年玲奈（のうねん・れな）だったそうです。能年玲奈は、皆さんも知っているように、２０１３年ＮＨＫ連続テレビ小説「あまちゃん」のヒロイン・天野アキ役を演じた女優です。

能年玲奈は、１９９３年7月13日に兵庫県神崎郡で生まれました。２００６年、ファッション雑誌『ニコラ』のモデルだった新垣結衣に憧れて第10回ニコラモデルオーディションに応募し、グランプリを獲得しました。２０１０年、映画「告白」で女優デビュー。２０１２年、映画「カラスの親指」で、第37回報知映画賞新人賞受賞。そして、２０１３年ＮＨＫ連続テレビ小説「あまちゃん」のヒロイン・天野アキ役に、オーディションで１９５３人の中から選ばれました。彼女の言ったセリフ「じぇじぇじぇ」は２０１３年「新語・流行語大賞」の年間大賞を受賞し、２０１７年大みそかの第64回ＮＨＫ紅白歌合戦では、紅白ＰＲ大使を務めました。

彼女は「あまちゃん」での出演を通して今や国民的な女優へと成長したのです。一本の作品との出合いが彼女の人生を変えたということができます。今日の聖書の箇所も一つの出会いを通して人生を変えた男の話が出てきます。彼の人生を変えたものは何だったのでしょうか？　共に見ていきましょう！

①他人任せの人生ではなく、自分の人生を歩む

聖書を読みます。彼はペトロとヨハネが境内に入ろうとするのを見て、施しを乞うた。ペトロはヨハネと一緒に彼をじっと見て、「わたしたちを見なさい」と言った。その男が、何かもらえると思って二人を見つめていると、ペトロは言った。「わたしには金や銀はないが、持っているものをあげよう。ナザレの人イエス・キリストの名によって立ち上がり、歩きなさい。」とあります。

まずわかることとは、この足の不自由な男は、神殿に来ている人々の同情心に頼ってお金をもらい、その日暮らしをしていたというのです。体が不自由でも仕事をしている人はたくさんいます。人に頼らないで生きることも可能です。でも、この男は、他の人々に「美しい門」まで運んでもらい、そして、神殿に来ている人々からお金をめぐんでもらいながら人生を生きていたというのです。

そんな男にペテロは言うのです。「わたしには金や銀はない。ナザレの人イエス・キリストの名によって自分の足で立ち上がり自分の人生を歩きなさい。」と。

自分で自分の人生を生きないで、１００％他人任せの人生を生きるならば、とても自分の人生を変えることはできません。大切なことは他人任せの人生に別れを告げ、自分の人生を自分で生きていくことが大切なのです。

②生きた言葉がその人の人生を変えることを知る

この男の人生を変えたものは何だったのでしょうか？　一つわかることは、ペテロはこの男に話しかけています。「わたしたちを見なさい」、「わたしには金や銀はないが、持っているものをあげよう。ナザレの人イエス・キリストの名によって立ち上がり、歩きなさい。」と。つまり、ペテロが話した言葉によって彼の人生が変わったことがわかります。そうです。言葉が私たちの人生を変えるのです。

皆さんもそうではないでしょうか？　自分が苦しかったとき、辛かったとき、何があなたを救ってくれましたか、あなたを元気づけてくれましたか？　両親からの言葉、恋人からの言葉、先生からの言葉、先輩からの言葉、映画の言葉、本の言葉、あるいは歌の歌詞、これも言葉ですよね。いずれにしても、あなたを救ってくれた言葉、元気づけてくれた言葉、たくさんあるかと思います。お金は使えばなくなります。でも、不思議なことに自分を助けてくれた言葉はいつまでもなくなりません。

そうです。生きた言葉があなたの人生を変えることを知ることがとても大切なことなのです。

③感謝をする

聖書の7節~9節を読みます。「そして、右手を取って彼を立ち上がらせた。すると、たちまち、その男は足やくるぶしがしっかりして、躍り上がって立ち、歩き出した。そして、歩き回ったり踊ったりして神を賛美し、二人と一緒に境内に入って行った。」とあります。この物語の興味深いことは、この足の不自由な男が癒されたところで話が終わっていないことです。

ある聖書の解説書では、この足の不自由な男が癒されたという、「癒しの効果、体の癒しの経過よりも、その結果に重点が置かれる」と書いてありました。つまり、この男が癒されたということよりも、その後の8節の「そして、歩き回ったり踊ったりして神を賛美し、二人と一緒に境内に入って行った。」ということのほうが重要だというのです。つまり、これは、神に感謝をすること、言い換えるならば、躍り上がるくらい喜んで、讃美をささげて自分の置かれた状況に感謝をする人生を送ることの大切さを言っているのです。

この足の不自由な男は今まで感謝をすることがなかったのかもしれません。しかし、今は違います。彼は歩き回ったり踊ったりして神を賛美し、神殿に行って神に感謝をするくらい感謝をすることの大切さを知ったのです。私たちは知らなくてはなりません。感謝をすることが自分の人生を変えるきっかけになるということを。

最後にこんな話をして終わりたいと思います。伊藤浩一という保険会社のセールスマンがいます。彼は、年収1億円を稼ぎ出すトップセールスマンです。でも、もともとの彼は1５００万円の借金を抱えていたダメセールスマンでした。仕事の失敗を全て他人のせいにしてしまう他人任せの人間だったのです。

彼は卒業した大学がキリスト教主義の大学でしたが、学生時代は聖書をほとんど読むことはありませんでした。でも、ある時、セールス活動で門前払いに合った時に、ふと聖書の言葉が脳裏をよぎったのです。それから彼は教会に行くようになります。聖書もむさぼり読むようになります。彼は、今日の聖書の足の不自由な男のように、①他人任せの人生ではなく、自分の人生を歩むことを決断し、②生きた聖書の言葉によって自分の人生を変えることができたのです。③彼は現在、感謝を持って保険会社のセールス活動をしています。彼が書いた『聖書に学ぶトップセールスマンになるための10の教え』(宝島社)は、多くのセールスマンに勇気と希望を与えています。

あなたの人生を変えるために必要なものは

①他人任せの人生ではなく、自分の人生を歩むこと
②生きた言葉がその人の人生を変えることを知ること
③感謝をすること

thanksful!

メッセージ7

そのとき、弟子たちがイエスのところに来て、「いったいだれが、天の国でいちばん偉いのでしょうか」と言った。そこで、イエスは一人の子供を呼び寄せ、彼らの中に立たせて、言われた。「はっきり言っておく。心を入れ替えて子供のようにならなければ、決して天の国に入ることはできない。自分を低くして、この子供のようになる人が、天の国でいちばん偉いのだ。わたしの名のためにこのような一人の子供を受け入れる者は、わたしを受け入れるのである。」

聖書箇所：マタイによる福音書18章1節～5節

夏休みに、私は、韓国と長崎県に行ってきました。行ってみて、韓国と長崎はとてもよく似ているということがわかりました。それは、キリスト教会が多いということです。韓国は主にプロテスタント、長崎はカトリック教会が多いです。いずれも素晴らしい教会堂があります。しかし、韓国、長崎ともキリスト教が広がるまでは本当に厳しい戦いがあったのです。

韓国は、日本軍による迫害、長崎は、豊臣秀吉から徳川幕府、そして、明治の初めまで当時の支配者たちから迫害を受け、多くのクリスチャンが殺されています。しかし、それでもキリスト教はなくなることなく、広がっていった理由は何でしょうか？　それは、今日のテーマでもあります、「聖書に見ることのできる多くの偉い人」の存在によってキリスト教が広がっていったのです。今日は、聖書に見る偉い人とはどういう人かということについて共に学んでいきたいと思います。

①謙遜であること

マタイによる福音書18章1節から5節までを読みます。そのとき、弟子たちがイエスのところに来て、「いったいだれが、天の国でいちばん偉いのでしょうか」と言った。そこで、イエスは一人の子供を呼び寄せ、彼らの中に立たせて、言われた。「はっきり言っておく。心を入れ替えて子供のようにならなければ、決して天の国に入ることはできない。自分を低くして、この子供のようになる人が、天の国でいちばん偉いのだ。わたしの名のためにこのような一人の子供を受け入れる者は、わたしを受け入れるのである。」とあります。

イエス様は、「子供のようになること」が大切であると言っているのです。「子供のようになる」とはどういうことでしょうか？　18章4節では、「自分を低くして、この子供のようになる人が、天の国でいちばん偉いのだ。」とあります。「自分を低くする」つまり、謙遜になることです。

弟子たちの「天の国でいちばん偉いのはどういう人か？」という質問に対して、イエスは、自分の地位やお金では天国に入ることはできないこと、当時のユダヤ社会で子供が置かれていた無力で無価値な者という立場に身を置くものに天の国は与えられるということ、そして、謙遜な人は、無価値に見える者をも積極的に受け入れる生き方をする人であることを私たちに教えているのです。

②人をつまずかせないこと

18章6節で、「しかし、わたしを信じるこれらの小さな者の一人をつまずかせる者は、大きな石臼を首に懸けられて、深い海に沈められるほうがましである。世は人をつまずかせるから不幸だ。つまずきは避けられない。だが、つまずきをもたらす者は不幸である」とあります。

ここからわかることは、私たちが人生でつまずくことは避けられないとあります。私たちは病気もするし、怪我もします。そして、最後には死んでしまうのです。しかし、大切なことは、今、私たちがしているように、聖書の言葉に耳を傾け、心の中で祈ることです。一言で言うならば、神様を計算に入れた人生を送るということになります。どんな人でもつまずくことはあります。しかし、そのような場合には、また、新しい第一歩を踏み出せばよいのです。イエスはここで私たちにつまずいてもいいんだということを言っているのです。

しかし、人をつまずかせることはいけないと、かなり厳しい言葉で言っていることがわかります。もう一度、7節を読みます。「世は人をつまずかせるから不幸だ。つまずきは避けられない。だが、つまずきをもたらす者は不幸である。」と言っています。さらに続けて、8節では、「もし片方の手か足があなたをつまずかせるなら、それを切って捨ててしまいなさい。両手両足がそろったまま永遠の火に投げ込まれるよりは、片手片足になっても命にあずかるほうがよい。」とあります。いずれにしましても、人をつまずかせない配慮をすることが必要であるということは間違いがありません。

③一人を大切にすること

18章10節からは有名な「迷い出た羊」のたとえ話が出てきます。12節でこうあります。「あなたがたはどう思うか。ある人が羊を百匹持っていて、その一匹が迷い出たとすれば、九十九匹を山に残しておいて、迷い出た一匹を捜しに行かないだろうか。」これは、イエス様から私たちへの質問です。考えてみると、九十九匹の羊飼いに従ったある意味「まともな羊」をないがしろにして、羊飼いに従わなかった「まともでない羊」一匹のために、自分の時間と労力を使うでしょうか？　私の場合で言うならば、大澤ゼミは学生が10名いますので、こういうことになります。私の言うことをよく聞く優秀な生徒9人を残して、私の言うことを聞かないで好き勝手なことばかりしている生徒一人のために私の持っている時間と能力を使うということです。こう考えると、すぐには「はい」とは言えません。多分、イエス様に聞かれたら、私はすぐには答えられないと言って、即答を避けると思います。

私は大学教員になる前に、知的障害の子供の施設で仕事をしていましたが、彼らは知的障害という枠の中で一緒なのではなくて、一人ひとりみんな違い、本当に個性的な魅力のある子供たちでした。一人を大切にすることが大切だということは聖書の中から学ぶことができますが、社会福祉や医療、教育現場でも学ぶことができるはずです。

最後にこんな話をして終わりたいと思います。私に影響を一番与えた人と言えば、小学校5年生の時の担任の栗田とし子先生です。私は、小学校1年生の時に両親が離婚をして、母親と二人で東京江戸川区小岩の風呂なし、共同トイレの四畳半一間に住んでいました。いつも一人で母親が帰ってくるのをアパートでポツンと待っていました。勉強は全くやらずにクラスで下から数えたほうが早いような成績でした。不思議なもので全く勉強をしなかったのですが、ビリではありませんでした。だから、まだ自分より下がいると安心してますます勉強をしなくなったのです。

小学校1年生から4年生までの担任の先生は私のことを馬鹿にしていました。そのことは親子面談で母親が泣いていたことからもわかりました。でも、栗田先生は違いました。私のことをよくほめてくれました。絵を描くとみんなの前でほめてくれ、ソフトボールでヒットを打つと飛び上がって喜んでくれました。もちろん、よく怒られもしました。でも、怒る前に栗田先生は私に聞いてくれました。「大澤君のやったことは正しいと思う？」。もちろん、正しくないことはわかってやっていたので、「ううん」と言うと、思いっきり叩かれました。

栗田先生は、聖書を読んだことがあるのかどうかはわかりませんが、今日の聖書で言うところの「偉い人」だと思います。それは、①私がどんなくだらないことを質問しても馬鹿にしたりせず、きちんと答えてくれるような謙遜な人であったこと、②私をつまずかせることがなかったこと、ひょっとすると私が、今、大学教員をしているのは栗田先生の影響かもしれません、③クラスからはみ出た私という一人を大切にしてくれたこと、です。

私たちもまた、今日の聖書にあるように、①謙遜であること、②人をつまずかせることがないこと、③一人を大切にするような日々の生活を送りたいものです。

本当に「偉い人」とは

①謙遜であること
②人をつまずかせないこと
③一人を大切にすること

メッセージ8

どんなことでも、思い煩うのはやめなさい。何事につけ、感謝を込めて祈りと願いをささげ、求めているものを神に打ち明けなさい。そうすれば、あらゆる人知を越える神の平和が、あなたがたの心と考えとをキリスト・イエスによって守るでしょう。

聖書箇所：フィリピ信徒への手紙4章6節、7節みなさんは、好きなお笑い芸人はいるでしょうか？　私が大好きなお笑い芸人は、「とにかく明るい安村」です。みなさんの中にも見たことある人はいるかもしれません。パンツ一枚で様々な設定における「全裸に見えるポーズ」を披露するネタをしています。決めゼリフの「安心してください、はいてますよ」は一躍有名になりました。

「とにかく明るい安村」は、本名、安村昇剛（やすむら・しょうごう）、1982年生まれ、出身は、北海道旭川市です。旭川実業高校野球部時代は、1999年夏の甲子園に左腕のピッチャーとして出場しています。高校卒業後、吉本総合芸能学院（NSC）東京校の6期生として入学し、2000年からは、「アームストロング」というコンビで活動をします。2010年にはNHK新人演芸大賞の演芸部門で、東京吉本では初めての大賞を獲得します。

しかし、2014年にコンビは解散します。安村は、自分はもう駄目だなと思い、芸人を辞めて北海道に帰ろうと思ったそうですが、「まだ芸人続けたそうな顔しているよ」と奥さんに言われ、引退は思い留まったということです。

その後は、「とにかく明るい安村」と芸名を変え、R―1グランプリ2015では決勝進出を果たしました。お笑いコンビ解散という最悪の時に、それを受け止め、文字通り裸一貫で自分の道を切り開いた「とにかく明るい安村」は、私にとってお気に入りのお笑い芸人と言えます。

今日の聖書の言葉は、人生最悪の状況をどのように乗り越え、自分の人生を変えていけばいいのかについて知ることができます。共に学んでいきましょう。

①思い煩うことを止めること

まず、はじめに知らなくてはならないことは、このフィリピ信徒への手紙を書いたパウロは、この手紙をどこで書いたのかということでありますが、それは、獄中です。刑務所の中でこの手紙を書いたのです。

私は、実を言うと、20代から30代にかけて3回ほど刑務所に行ったことがあります。もちろん、囚人としてではありません。刑務所にいる囚人たちにお話をしてくださいということで、クリスマスの日に東京の府中刑務所に行きました。高いコンクリートの塀があり、私がお話をした体育館は木造でとても暗く寒かったことを覚えています。囚人たちに配布したプリントは話が終わると全て回収されていました。

今も昔も刑務所には自由がなく、暗く、寒い、何となく気分がめいるような所です。ある意味で人生最悪の場所かもしれません。でも、今日の聖書を書いたパウロはそんな獄中からこの手紙を書いたのです。そして、フィリピ信徒への手紙4章6節を見てください。「どんなことでも、思い煩うのはやめなさい。」と言っています。

彼は、ピンチをピンチだと思わないでチャンスであるということを自分の獄中生活人生の中で明らかにしたのです。そのためのポイントは「思い煩わないということ」です。人生の最悪の状況を乗り越え、自分の人生を変えるための第一のポイントは「思い煩わない」ことです。

②感謝をすること

パウロが獄中で書いたこのフィリピ信徒への手紙は別名「喜びの手紙」とも言われています。なぜなら、喜びなさい、といった言葉が繰り返し出てくるからです。この手紙の主題は、4章4節の箇所です。「主において常に喜びなさい。重ねて言います。喜びなさい。」パウロは、獄中の中で色んな問題の中にありながらも喜びの手紙を書いているのです。

さらに、フィリピ信徒への手紙4章6節を見ると、「何事につけ、感謝を込めて祈りと願いをささげ」とあります。感謝をすること。喜べない状況の中で喜ぶこと、感謝できない状況の中で感謝をすること、このことがパウロをキリスト教の世界伝道者にした秘訣ではないかと思います。

いや、このことは、パウロだけではありません。自分の親や友人、自分の卒業した学校、先生、先輩たちの悪口ばかりを言っている人で成功した人を私は見たことがありません。反対に、人生最悪だと思える状況を乗り越え、現在、活躍をしているビジネスマンやスポーツ選手、芸能人のほとんどが「感謝」という言葉を口にしていることを私同様、みなさんも知っているのではないでしょうか？

「感謝をすること」。このことが最悪の状況を乗り越え、自分の人生を変えるための秘訣であることを否定する人はいないと思います。

③目標を明確にすること

フィリピ信徒への手紙4章6節を見て下さい。「求めているものを神に打ち明けなさい。」とあります。パウロは、たとえ自分がどんな状況に置かれていたとしても、自分が本当に求めているものを神様に打ち明けるようにと言っています。

多くの人は、順調な時には自分の夢を大いに語りますが、ちょっとでも嫌なことや挫折を経験すると、もう二度と夢や目標を語らなくなります。そして、夢や目標のない人生を歩むようになるのです。しかし、パウロは違います。彼はたとえ牢獄につながれていたとしても、自分の夢や目標を神様に打ち明けながら目標を目指して、自分の人生を歩んだのです。

パウロは何度も何度も牢獄に入れられ、拷問に遭いましたが、キリスト教を伝道することを諦めようとは決してしませんでした。キリスト教が世界宗教になった理由はパウロのそのような伝道の結果であるといえます。

私たちも、どんなつらい状況にあったとしても自分の求めているものを神に打ち明けることを決して忘れてはいけません。

私たちも、①思い煩うことを止めること、②感謝をすること、③目標を明確にすること、によって、自分の人生において最悪の状況を乗り越え、最高の人生を生きていこうではありませんか。

人生最悪の状況を乗り越え、自分の人生を変えるための方法は

①思い煩うことを止めること
②感謝をすること
③目標を明確にすること

Hallelujah!

メッセージ9

器がどれもいっぱいになると、彼女は、「もっと器を持っておいで」と子供に言ったが、「器はもうない」と子供が答えた。油は止まった。

聖書箇所：列王記下4章6節

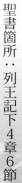

先日、テレビを見ていると、鈴木亮平という俳優が出ていました。あなたは、知っていますか？　鈴木亮平（すずき・りょうへい）は、１９８3年に兵庫県西宮市で生まれました。東京外国語大学を卒業、英検一級を取得しています。大学在学中は演劇サークルに所属して、将来はプロになりたいということで、芸能事務所・制作会社に履歴書を持って回りますが、50社以上に断られたそうです。そして、背が高いからということで何とかモデル事務所に入れることになりました。

鈴木の売りは何と言っても、演じる役柄に応じて肉体改造を行なうことで有名です。映画「ＨＫ／変態仮面」では、主人公を演じるため、体重を一度15kg増量したうえで、脂肪をそぎ落とすという役作りをしました。また、「天皇の料理番」では、主人公の兄で病弱な周太郎役を演じるため、体重を20kg減量、そして、「俺物語」では、巨漢の主人公を演じるため、体重を30kg増量しました。

彼は、50社以上の芸能事務所に断られるという、ある意味では、俳優人生を切るにあたっては最悪なスタートから出発しました。しかし、今、現在は個性派俳優として人気を得ています。今日の聖書の話も人生最悪な状況を克服し、人生に勝利を収めた母子家庭の母親の話が載っています。共に聖書を見ていきましょう。

①今、自分の持っているものを発見すること

4章1節を見て下さい。預言者の仲間の妻の一人がエリシャに助けを求めて叫んだ。「あなたの僕《しもべ》であるわたしの夫が死んでしまいました。ご存知のようにあなたの僕は主を畏れ敬う人でした。ところが債権者が来てわたしの子供二人を連れ去り、奴隷にしようとしています。」とあります。つまり、この女性は夫が死んで、何らかの理由で借金を背負ってしまい、借金取りがその借金の代わりにこの女性の二人の子供を連れて行って奴隷として売り渡そうというのです。まさに、この女にとっては人生最悪の状況だと言えます。

彼女は、神の使いであると言われるエリシャに助けを求めるのです。2節でエリシャが、「何をしてあげられるだろうか。あなたの家に何があるのか言いなさい。」と促すと、彼女は、「油の壺一つのほか、はしための家には何もありません」と答えた、とあります。女としては、今にも借金取りが来て、2人の子供を連れていこうとしている状況の中で、家にある油の壺一つが何の役に立つのかと思ったに違いありません。でも、エリシャは言うのです。その油の壺一つがあなたの人生を変えることができるのだということを。私たちは知らなくてはなりません。自分の中にあるもの、それは、自分から見ても、あ

るいは他の人から見ても大したことはないかもしれません。でも、聖書は言うのです。神様はそのような「油の壺一つ」であったとしてもそれがあなたの人生を変えることができるのだということを。

自分の人生を変えるための一つの方法は、自分の持っているものを発見することなのです。

②協力者を得ること

次に自分の人生を変えるための二つ目の方法は、4章3節に書かれています。彼は、言った。「外に行って近所の人々皆から器を借りて来なさい。」つまり、これはどういうことかというと、自分一人では無理なことも人々の協力を得るならばできるということです。自分にとっての協力者を得ることが自分の人生を変える上では重要になってきます。

ここで気を付けてもらいたいことは、協力者とは単なる仲の良い友人ではないということです。今、自分の置かれている状況を具体的に、実際的に助けてくれる存在なのです。ここでいうならば、実際に器を貸してくれる人々なのです。温かい言葉をかけてくれる人や励ましてくれる人も当然、必要なのかもしれませんが、自分の置かれている状況を実際的、具体的に変えてくれるような援助をしてくれる人を協力者として得ることは自分の人生を変える上でとても重要なことなのです。

③あきらめないこと

三つ目に、自分の人生を変える上で大切なことは、あきらめないことです。４章６節を見てください。器がどれもいっぱいになると、彼女は、「もっと器を持っておいで」と子供に言ったが、「器はもうない」と子供が答えた。油は止まった、とあります。この話は最終的には、今まで集めた器に入った油を売って借金を返済し、この女と子供は生活することができたということで話が終わっていますが、よく見ると、大金持ちになったと書いていないのです。なぜか。それは、子供が「器はもうない」と言った時に、油が止まったからです。

もし、もっと器を持ってきていたら、たくさんの油を手に入れ、それを売ってさらに豊かな生活ができたに違いありません。つまり、器の分だけ祝福があることを知らなくてはなりません。私たちがこの子供のように「器はもうない」、これで十分だと思った時点で祝福は止まるのです。あきらめないで求め続ける人だけが多くの祝福を手に入れることを忘れてはいけません。

最後に、こんな話をして終わりたいと思います。11月1日から4日まで大澤ゼミの4年生と大阪でゼミ合宿をしてきました。松下幸之助記念館に行っていろいろと話を聞いてきました。松下幸之助は現在のパナソニックの創業者で、世界中の人々から「経営の神様」と言われています。

松下幸之助は、自分の成功の秘訣をこう言っています。「私は病弱だったから成功できた。私は貧乏だったから成功できた。私は学歴が無かったから成功できた」。

松下幸之助も今日の聖書の話のように、①今、自分の持っているものを発見すること、②協力者を得ること、③あきらめないこと、によって現在のパナソニックを創業したのです。私たちも、自分の夢を実現するために共に歩んでいきましょう。

最悪な人生を変え、自分の夢を実現するために必要なことは

①今、自分の持っているものを発見すること
②協力者を得ること
③あきらめないこと

NATIONAL
Discovery

メッセージ 10

またエリシャは、「矢を持って来なさい」と言った。王が持って来ると、エリシャはイスラエルの王に、「地面を射なさい」と言った。王は三度地を射てやめた。神の人は怒って王に言った。「五度、六度と射るべきであった。そうすればあなたはアラムを撃って、滅ぼし尽したであろう。だが今となっては、三度しかアラムを撃ち破ることができない。」

聖書箇所：列王記下13章18節、19節

みなさんは今、どんなテレビを見ているでしょうか？　私は毎週月曜日の夜9時つまり、月9に放送されている「ラブソング」を見ています。みなさんの中に見ている方はいるでしょうか。40代独身の福山雅治が演じる主人公の神代広平（かみしろ・こうへい）は、過去にプロデビューした元ミュージシャンです。20年前に一曲だけヒット曲を出しましたが、それ以外にヒット曲を出すことができず、レコード会社との契約が切れ、現在は音楽業界から離れ、臨床心理士として企業内カウンセラーをしています。

そんな神代広平の元に藤原さくらが演じる佐野さくらが現れます。彼女は、児童養護施設で育ち、他者とコミュニケーションを取るのが苦手という女性です。話すことに困難が生じる吃音障害を持っています。そのような状況の中で物語がスタートします。私は、佐野さくら役を演じている藤原さくらについて調べてみました。彼女は、10歳の時、父親からクラシック・ギターをもらったことをきっかけに、ギターを始めます。高校一年生の時、ドラムやタップダンスをやっていた友人に影響を受け、本気で音楽に取り組むために福岡のボーカルスクールに入ります。高校時代に3枚のミニアルバムをリリースし、２０１５年3月18日には、メジャーデビューを果たします。

「ラヴソング」は、彼女の女優デビュー作品になります。彼女は、今までに演技の経験は全くなく、しかも役柄が複雑な家庭環境で生きてきた吃音障害を持った女の子という難しい役柄に藤原さくらは挑戦しているのです。人間は弱い存在ですので、自分が今まででしたことのないことにはなかなか挑戦することはできません。しかし、藤原さくらは、自分が今までやったことのない俳優に、しかも演じるのが難しいと思われる役柄に尻込みをするのではなく積極的に挑戦をしているのです。

今日の聖書の中にも、敵に攻め込まれ絶体絶命の状態にあったイスラエルのヨアシュという王様が困ってしまい、預言者と言われるエリシャに相談をしています。このところから私たちは絶体絶命の時にどのようにすれば良いのかを共に考えていきましょう。

①良き相談相手を持つこと

13章14節を見て下さい。エリシャが死の病を患っていたときのことである。イスラエルの王ヨアシュが下って来て訪れ、彼の面前で、「わが父よ、わが父よ、イスラエルの戦車よ、その騎兵よ」と泣いた、とあります。しかし、実はヨアシュとエリシャの親しい関係についてはよくわかっていません。なぜなら、イスラエルの王ヨアシュと預言者エリシャとは、お互いに相容れない対立関係にあったからです。

しかし、絶体絶命の状態にあったイスラエルの王ヨアシュは自分の問題解決をすることができる預言者エリシャに泣きついているのです。私たちは知らなくてはなりません。私たちが絶体絶命の困難な状態にある時は、自分との関係が良い悪いに関係なく、本当に今、自分にとって良きアドバイスをくれる人に相談をしなくてはなりません。

自分の気に入ることばかりを言ってくれる人に対しては悪い感情を持つことがなく、反対に自分に厳しいことを言う人を私たちは避ける傾向がありますが、自分が本当に困ったときには自分があまり好きでなかったとしてもその問題を解決することのできる有能な人のところに相談に行くことが問題解決につながるのです。

第一のポイントは、良き相談相手を持つことです。

②自らが行動を起こすこと
次に自分の人生を生きるための二つ目の方法は、13章15節に書かれています。エリシャが王に、「弓と矢を取りなさい」と言うので、王は弓と矢を取った、とあります。また、

先ほど読んだ13章18節にも、またエリシャは、「矢を持って来なさい」と言った。王が持って来る、とあります。いずれも、相談に行ったイスラエルの王ヨアシュが自ら行動を起こしていることがわかります。絶体絶命の時の解決方法は自らが行動を起こすということを知らなくてはなりません。よく、自分が困ったときに自分は何もしなくて全て人が問題を解決してくれるだろうと勘違いをする人がいます。自分の問題解決をする人は他人ではなく、その人自身なのです。その人が自分の問題を自らが主体的に動いて解決をしなくてはならないのです。

なぜなら人がその人に代わって問題解決をしてしまうと、問題を抱えた人はまた同じ問題を抱えたときに自分一人ではどうすることもできなくなってしまうからです。また、良い相談相手というものは相手に代わって全てを行なう人ではなくて、その相談をした人自らが行動を起こすように導いてあげる人なのです。私たちは絶体絶命の時に、自らが行動を起こすことを忘れてはいけません。

③途中で止めないこと

三つ目に、私たちが絶体絶命の時にしなくてはならないことは、途中で止めないことです。列王記下13章18節、19節には、またエリシャは、「矢を持って来なさい」と言った。王が持って来ると、エリシャはイスラエルの王に、「地面を射なさい」と言った。王は三度地を射てやめた。神の人は怒って王に言った、とあります。

なぜ、エリシャは怒ったのでしょうか。その答えは、19節にあります。神の人は怒って王に言った。「五度、六度と射るべきであった。そうすればあなたはアラムを撃って、滅ぼし尽したであろう。だが今となっては、三度しかアラムを撃ち破ることができない。」つまり、イスラエルの王が矢で地を射ることを途中で止めたことに対する怒りなのです。自分の問題を解決するためには、途中で止めてはいけません。イスラエルの王は矢を地面に何十回、何百回、エリシャがもう止めていいと言うまで射なければいけなかったのです。

自分の問題解決をするためには、途中で諦めて止めてしまってはいけないことがこのところからもわかります。

最後に、こんな話をして終わりたいと思います。

プロ野球 埼玉西武ライオンズに山田遥楓（やまだ・はるか）選手がいます。彼は、生まれたときから右耳が聞こえません。だから、野球でフライがあがった時など、選手同士の連携で、聞こえないことが障害となっていますが、さまざまな努力と工夫で乗り越えようとしています。彼は、生まれつき耳が聞こえないというハンデを持ちながらも、①良き相談相手を持ち、②自ら行動を起こしながら、③途中で止めることなく、プロ野球選手として活躍していることを夢見ているのです。

私たちも、どんな絶体絶命だと思えるような状況であっても今日の聖書の話のように、人生を歩んでいこうではありませんか。


私たちが絶体絶命の時にしなくてはならないことは

①良き相談相手を持つこと
②自らが行動を起こすこと
③途中で止めないこと

Action!
Never give up
Good Counselor

メッセージ 11

あなたのパンを水に浮かべて流すがよい。 月日がたってから、それを見いだすだろう。

聖書箇所：コヘレトの言葉11章1節

私はお笑いが好きで、よく吉本のライブを東京や大阪まで見に行きます。私のお気に入りのお笑い芸人は、「トレンディエンジェル」です。みなさんは知っているでしょうか？特に、斉藤さんが気に入っています。

斎藤司（さいとう・つかさ）は、１９７９年、神奈川県横浜市出身、日本大学商学部を卒業後、楽天に入社。主に広告主獲得をメインとした法人担当営業として六本木ヒルズでエリート社員として働いていました。

しかし、２００４年25歳で芸人を目指し、NSC東京校第10期生として入学をします。そして、そこで現在の相方の「たかし」とコンビを組み、トレンディエンジェルを結成しました。２０１５年M１グランプリで優勝を果たします。敗者復活枠からの優勝はサンドウィッチマン以来史上2回目であり、ノーシードからの優勝は初、という快挙を成し遂げます。

斉藤さんの人生は、楽天のエリート社員という安定的な地位を捨て、不安定な芸能界で芸人を目指すという意味で自分の人生に挑戦をした訳です。M１の優勝も順調であったわけではなく、２００４年から挑戦を重ね、11年目でやっと優勝をして、自分の夢を実現するのです。

今日の聖書の言葉も人生に勝利をするための秘訣があります。共に聖書の言葉を学んでいきましょう。

①しんどい時にこそ勝負をすること

11章1節では、はじめに「あなたのパンを水に浮かべて流すがよい。」とあります。これはどういう意味でしょうか？　実は、これは航海する人たちの生活からたとえをとっています。航海する人、つまり、船で遠くに旅立つ人たちに対するアドバイスです。昔のことですから、船旅は何日かかるか、あるいは、何カ月かかるかわかりません。当然のことながら、遠くに旅立つわけですから船には食料であるパンが積んであるわけです。でも、その食料となる大切なパンを水の上に投げなさいと言っているのです。

みなさんが今、読んでいる聖書を旧約聖書と言いますが、旧約聖書では「水」は不安定、不確実、恐怖、危険、患難などを意味します。つまり、聖書は、ここであなたの人生の中で不安定、不確実、恐怖、患難などが襲ってきたときにこそ、勝負をしなさいと言っているのです。

ある人は言うでしょう。そんなことをしても意味がない、あるいは、何もしないほうがいい、悪あがきだ、と。でも、何もしないことは何も生み出すことがないのです。みんなが何もしないようなしんどい時にこそ全力を尽くして勝負をすること、しんどい時にこそ勝負をする時に、あなたの人生は変わるのです。

②忍耐を持ってじっくりと待つこと

次に、「あなたのパンを水に浮かべて流すがよい。月日がたってから」とあります。①番目のポイントで「しんどい時にこそ勝負をすること」を言いましたが、次に、「月日がたってから」という言葉からわかることは、結果が出るには時間がかかるということです。

みなさんは、どうでしょうか？　すぐに結果を求める人、あるいは、良い結果が出ないとすぐにあきらめてしまう人ではないでしょうか？　もっと言うならば、自分の夢を実現するためには、一回か二回の失敗であきらめないということも言えます。なぜなら、良い結果が出るには時間がかかるからです。

芸能界でも「一発屋芸人」とか「一発屋アイドル」「一発屋タレント」などと言われる人がいます。すぐに人気が出る人はすぐに人気も落ちてしまうことがわかります。でも、じっくりとライブ活動をした歌手や、地道な舞台活動をしてきた人は一度メジャーになると人気が落ちることはありません。長く活動を続けることができます。なぜなら良い結果を出すためにはそれだけ時間がかかるからです。

聖書は安易な成功を私たちに勧めません。聖書のいう成功とは決してしぼむことのない永遠に続く成功を私たちに与えようとしているのです。忍耐を持ってじっくりと待つことが大切なのです。

②必ず良き結果として戻ってくること

三つ目のポイントを見てみたいと思います。「あなたのパンを水に浮かべて流すがよい。月日がたってから、それを見いだすだろう。」とあります。「それを見いだすだろう」それとは、何ですか？　そうです。あなたが「水に浮かべて流したパン」です。聖書はここで、「水に浮かべて流したパンは戻ってこない」とか、あるいは、「水に浮かべて流したパンはボロボロになって戻ってくる」とは言っていないことに注目して下さい。

あなたが水に浮かべて流したパンは流した時と同じように、いや、流した時以上の良きパンとなって戻ってくるのです。つまり、あなたがしんどい時に勝負をしたその結果はどんなに長い時間がかかったとしても必ずあなたの元に戻ってくるのです。あなたが自分にとって大切なパン、それは、あなたの時間かもしれません、あなたの能力、あるいは、あなたのお金、あなたにとってとても大切なもの、いや、あなたの全力を尽くして一生懸命に行ったことは必ず良きものとなってあなたの人生に戻ってくるのです。


最後に、こんな話をして終わりたいと思います。

「世界のヤマザキ」として知られる山崎製パンの創業者の飯島藤十郎氏は、現在の東京学芸大学を卒業し、都内の小中学校で教員をしていましたが、ある時からパン屋を始めるようになります。

ある日のこと、主力工場の武蔵野工場が全焼するという大事件が起こりました。この時、飯島氏は、「この火災は、あまりにも事業本位で仕事を進めてきたことに対する神の戒めだ、これからは神の御心にかなう会社に生まれ変わります」と祈りを捧げました。

この時から「山崎製パン」は、生まれ変わったのです。現在、資本金110億、売上高約8000億円、従業員数1万7千人の日本を代表する一大企業に成長をしています。飯島氏は、聖書の言葉に感動を受け、洗礼を受けてクリスチャンになりました。彼は、今日の聖書の言葉のように、①しんどい時にこそ勝負をし、②忍耐を持ってじっくりと待ち、③良き結果が必ず戻ってくること、を信じながら山崎製パンの会社経営を行なったのです。

私たちも、たった一度の自分の人生に勝利するために、①しんどい時にこそ勝負をし、②忍耐を持ってじっくりと待つことを覚え、③良き結果が必ず戻ってくることを信じながら、自分の人生を歩んでいこうではありませんか。

私たちが人生に勝利するためにしなくてはならないことは

①しんどい時にこそ勝負をすること
②忍耐を持ってじっくりと待つこと
③必ず良き結果が戻ってくることを信じること

ヤマザキ
Yamazaki
Perseverance
世界のパン
ヤマザキ
ダブルソフト
ダブルソフト
ダブルソフト

メッセージ 12

しかし、主はわたしに言われた。「若者にすぎないと言ってはならない。わたしがあなたを、だれのところへ遣わそうとも、行って　わたしが命じることをすべて語れ。彼らを恐れるな。わたしがあなたと共にいて　必ず救い出す」と主は言われた。

聖書箇所：エレミヤ書1章7～8節

先日、テレビを見ていると、藤田ニコルが出ていました。みなさんは、藤田ニコルを知っているでしょうか？　藤田ニコルは、父親がロシア人とポーランド人のハーフ、母親は日本人の子として、１９９８年にニュージーランドで生まれました。ニコルという名前は、母親が、将来、国際的に有名な子になって欲しいという願いから付けられました。

２００９年にローティーン向けファッション雑誌『ニコラ』の第13回ニコラモデルオーディションに応募し、1万４０７６人の中からグランプリの５人に選ばれ専属モデルとなります。２０１４年４月に『ニコラ』を卒業すると、同年６月に雑誌『ポップティーン』のモデルとなり、２０１５年５月号の表紙に登場します。

その後、２０１５年度の「めざましテレビ」イマドキガールを務め、同年、Ｙａｈｏｏ！検索大賞２０１５モデル部門賞を受賞。２０１６年には、ネイルクイーン２０１６を受賞しています。

藤田ニコルの人生は全てが順調であったわけではありません。先ほど話した『ニコラ』のオーデションでは一度落ちています。その時の気持ちを、彼女は次のように語っています。

「諦めないことが大切だと思います。私がモデルになったきっかけは、名前と似てるからって母親が『ニコラ』を買って来て、応募したのが始まりなんです。でもはじめは落ちちゃって、それが悔しくて一年間毎月『ニコラ』を買い続けて研究して、翌年合格したんです。だから、想い続けることが一番大切だと思います。」

藤田ニコルは、2017年8月のイベントをもって『ポップティーン』モデルを卒業しました。彼女は次の目標を目ざして今、自分の人生を変えるために必死になって努力をしているのです。

今日の聖書の話も自分の人生を変えるための秘訣が描かれています。共に聖書を学んでいきましょう。

①言い訳をしないこと

エレミヤ書の1章7節を見て下さい。しかし、主はわたしに言われた。「若者にすぎないと言ってはならない。」とあります。これはどういうことかというと、ここに出てくる主とは、神様のことです。そして、「わたし」とは、このエレミヤ書の主人公とでもいえる「エレミヤ」という人物です。

神がエレミヤに語られた時、紀元前六二七年当時、エレミヤは20歳になるかならないかの年齢であったと思われます。そのような時に、神はエレミヤに語るのです。7節には「わたしがあなたを、だれのところへ遣わそうとも、行って　わたしが命じることをすべて語れ。」とあります。

神様はどこに遣わすのかはわかりません。そして、何を語れというのかもわからないのです。場合によっては、自分が行きたくないところへ、そして、その地の権力者がやっていることを批判しなくてはならない場合もあるのです。時には、命の危険もあるのです。エレミヤは神様の問いかけに答えるのです。

前の6節を見て下さい。わたしは言った。「ああ、わが主なる神よ　わたしは語る言葉を知りません。わたしは若者にすぎませんから。」とあります。彼は神の命令を避けるためのありとあらゆる言い訳を言うのです。

それに対して、神は答えるのです。「若者にすぎないと言ってはならない。」と。自分の人生を変えるために必要なことは、言い訳をしないで、場合によっては、自分がしたくないことに挑戦をする時にこそ未来が開かれていくのかもしれません。「言い訳をしないこと」このことがあなたの人生を変えるのです。

②使命を持つこと

7節を見ると「わたしがあなたを、だれのところへ遣わそうとも、行って、わたしが命じることをすべて語れ。」とあります。先ほども言いましたように、神様はエレミヤにこのような人生を送るように語りかけるのです。エレミヤはこの言葉を聞いて、このことが自分の人生の使命、つまり、自分の命をこのことのために使っていこうと決心をするのです。その時からエレミヤの人生は変わるのです。

その後のエレミヤの人生は、生涯を通して忠実に神の言葉を語るようになるのです。時には、様々な規制を受け、孤独な戦いを強いられることもありました。ある時には、権力者によって井戸の中に投げ込まれることもあったのです。でも、彼は決して自分の使命を捨てることなく、自分の使命である神の言葉を語り続けるという人生を歩み続けるのです。

聖書は他のところで次のように言っています。「幻のない民は滅びる」と。つまり、使命を持たない人は生きていても死んでいるのと同じ状態だということです。いつか滅んでしまうのです。私たちは今、置かれている状態がどのようであったとしても、自分の使命を持って人生を生きていきたいものです。その時にあなたは自分の人生を変えることができるのです。

③恐れないこと

三つ目のポイントを見てみたいと思います。８節を見て下さい。「彼らを恐れるな。わたしがあなたと共にいて　必ず救い出す」と主は言われた。とあります。つまり、自分の人生を変えるために必要なことは、「恐れない」ことです。

私たちは自分のやるべき道を発見して、一歩踏み出そうとするときに恐れを感じることが多いです。例えば、「失敗したらどうしよう」とか、あるいは、友達や親や先生などの親しい人々からの反対に遭うこともあるかもしれません。あなたが、一度、何かを恐れてしまうと思考や行動などの動きが止まってしまいます。そして、結局、何もしないで今のままでいいや、と思ってしまうのです。現状にとどまることも一つの決断かもしれませんが、それでは何も変えることはできません。あなたが自分の人生を変えるために必要なものは、「恐れないこと」なのです。その時にあなたの人生は変わるのです。

最後に、こんな話をして終わりたいと思います。

先日、日野原重明先生がお亡くなりになりました。１０５歳でした。日野原先生は、皆さんも知っているかもしれませんが、聖路加国際病院名誉院長として、１００歳を過ぎても現役の医師として大活躍をしていました。

そんな日野原先生ですが、小学生時代には、赤面恐怖症であったため、それを克服するために、あえて人前に出る、弁論部、演劇、ピアノ演奏、合唱の指揮などを行ったと言われています。また、大学在学中に結核にかかり休学、一時は、医者になることをあきらめたこともありました。

しかし、日野原先生は、今日の聖書の言葉のように、いつでも言い訳をしないで、自分の使命を持ちながら、恐れないで人生を生きぬいたのです。私たちも自分に与えられたたった一度の人生を、①言い訳をしないで、②自分の使命を持ち、③恐れないで、歩んでいこうではありませんか。

私たちが人生を変えるために必要なことは

①言い訳をしないこと
②使命を持つこと
③恐れないこと

メッセージ13

「そこで、わたしのこれらの言葉を聞いて行う者は皆、岩の上に自分の家を建てた賢い人に似ている。雨が降り、川があふれ、風が吹いてその家を襲っても、倒れなかった。岩を土台としていたからである。わたしのこれらの言葉を聞くだけで行なわない者は皆、砂の上に家を建てた愚かな人に似ている。雨が降り、川があふれ、風が吹いてその家に襲いかかると、倒れて、その倒れ方がひどかった。」イエスがこれらの言葉を語り終えられると、群衆はその教えに非常に驚いた。

聖書箇所：マタイによる福音書7章24節～28節

私はお笑い番組を見るのが大好きです。お笑い芸人と言えば、そのほとんどが吉本興業に所属しています。そして、その多くが吉本NSC（吉本総合芸能学院）という学校を卒業しています。

その学校には、本多正識（ほんだ・まさのり）という先生がいます。彼は、ナインティナインの岡村隆史をツッコミからボケに転向させ、藤井隆をオカマキャラに抜擢し、アンガールズを東京に進出させました。彼のアドバイスを聞いた芸人は、現在でもお笑い芸人として活躍をしているのです。まさに、カリスマ教師なのです。私はその人の人生の成功や失敗というものはその人が何と出会うかによって決まってくると考えています。今日の聖書の箇所では、イエス・キリストが私たちに対してどのようにすれば人生で成功するのかをアドバイスしています。共に、聖書を学んでいきましょう。

①何を聞いているのかを吟味すること

マタイによる福音書7章24節を読みます。「そこで、わたしのこれらの言葉を聞いて行なうものは皆、岩の上に自分の家を建てた賢い人に似ている。」とあります。この箇所のポイントは、「わたしのこれらのことばを聞いて」です。

私たちの人生にとって大切なことは何を聞くのかが重要なのです。みなさんもこれまで間違ったことを聞いて痛い目に遭った人がいるかもしれません。私もそうです。間違った情報、間違った言葉は私たちの人生を駄目にしてしまうのです。私たちが人生で成功するためには、正しい、真実な、私たちの人生にとって本当に役に立つ言葉・情報を聞くことが大切なのです。

世の中には一見、正しいような、真実なような、そして、役に立ちそうな言葉や情報が溢れています。そのようなものに騙されることなく自分が聞いた言葉や情報をしっかりと吟味することが大切なのです。

②行なう人になること
次に重要なことは、聞いた情報を行なうことです。マタイによる福音書7章26節では、「わたしのこれらの言葉を聞くだけで行なわない者は皆、砂の上に家を建てた愚かな人に似ている。」とあります。いくらいい言葉・情報を聞いたとしてもそのことを行なわ

ない人、実行をしない人は愚かな人であると言っているのです。

大切なことは行なうことです。実行することです。人生を生きることは行動が伴わなくては意味がありません。いくら勉強ができたとしてもそれを実行する能力を身につけることができなければ社会では成功することができないのです。たとえ、行なうことで失敗するとしても、また、そこから立ち上がって再度、行動を起こすのです。失敗からも学ぶことがあります。大切なことは行ない続けること、実行し続けることなのです。

例えば、いくら水泳の本を読んで、水泳に関する知識があったとしても、実際に泳ぐという行動を起こさなくては泳ぐことはできません。いくら料理の本を読んで、知識があったとしても、料理を作らなくては意味がないのです。だから、みなさんが学んだことを、実際に行動に移して下さい。行なって欲しいのです。行なう人になることが大切なのです。

③自分の時いたものを刈り取らなくてはならないこと
マタイによる福音書7章27節で、「雨が降り、川があふれ、風が吹いてその家に襲い

かかると、倒れて、その倒れ方がひどかった。」とあります。ここから分かることは、私たちの人生には必ずと言っていいほど、何らかの逆境がやってくるということです。このことを忘れてはなりません。いつ、来るのかそれは誰にもわかりませんが、必ず、やってくるのです。

しかし、正しい・真実な・役に立つ言葉・情報をしっかりと聞いて、理解し、実行する人はそのような逆境が起こったとしても、もちろん、影響を多少は受けるでしょうが、倒れることはないというのです。また、仮に倒れたとしてもそこからまた、立ち上がることができるのです。

しかし、反対に、間違った言葉・情報を聞いている人、行動を起こさない人は、人生の嵐の時には、倒れ、二度と立ち上がることはありません。ようするに沈んでしまうのです。

私たちは自分が蒔いたものを刈り取ることが人生の中に必ず起こることを知らなくてはなりません。自分が何を聞き、何を言っているのか、その結果を自分の人生で必ず刈り取らなくてはならないのです。

最後にこんな話をして終わりたいと思います。世界的なベストセラーになった本でナポレオン・ヒルという人が書いた『Think & GROW RICH』という本があります。日本語訳では『思考は現実化する』という本です。この著者であるナポレオン・ヒルは貧しい農家に生まれました。働きながら大学に行き、アルバイトで雑誌の記者をしていました。

ある時、アメリカの生んだ偉大な成功者であり、世界の鉄鋼王であるアンドリュー・カーネギーにインタビューをする機会を与えられました。その時に、カーネギーから、ある仕事を頼まれます。それは「20年間、無料で、これから世界的な成功者になると思われる人々500人にインタビューをして、人生で成功するプログラムを完成させてほしい」との依頼でした。

当時、25歳のナポレオン・ヒルは迷いましたが、アンドリュー・カーネギーの言葉を信じて、29秒で決断をして、行動を起こしました。彼がインタビューをした人の中には、自動車王ヘンリー・フォードや発明家トーマス・エジソンなどもいました。

ナポレオン・ヒルが54歳の時に出版した『Think & GROW RICH』は、全世界で300万部以上のロングセラーになりました。彼はその後、87歳で天寿を全うするまでに何冊かの本を出版しましたが、いずれもベストセラーになりました。しかし、全てが順調であった訳ではありません、2度の離婚や破産なども経験していますが、その都度、彼は立ち上がったのです。

ナポレオン・ヒルは、幼い時に教会学校に通っていました。そのことも関係があるかも知れませんが、ナポレオン・ヒルは、①何を聞いているのかを吟味すること、②行なう人になること、③自分の蒔いたものを刈り取らなくてはならないことを、知っていたのです。

自分の人生で成功するためには

①何を聞いているのかを吟味すること
②行なう人になること
③自分の蒔いたものを刈り取らなくてはならないこと

Think
&
Grow Rich

メッセージ 14

たゆまず善を行ないましょう。飽きずに励んでいれば、時が来て、実を刈り取ることになります。

聖書箇所：ガラテヤの信徒への手紙6章9節

みなさんは、箱根駅伝を見たでしょうか？　私たちの東北学院大学とも関係の深い、青山学院大学が箱根駅伝で三連覇を達成しました。その青山学院大学の原晋（はら・すすむ）監督は、現在、マスコミでも引っ張りだこです。原晋監督は、広島県出身で、世羅高校から中京大学に進学し3年時に日本インカレ５０００メートル３位。中国電力に入社し１９９３年には主将として全日本実業団駅伝初出場に貢献しました。

しかし身体の故障が原因で入社５年目の27歳で選手生活を引退、10年間、中国電力でサラリーマン生活を送りました。その後、２００４年に青山学院大学陸上競技部監督に就任します。当初は「青山学院大学の陸上部は箱根駅伝に出ていない」との理由から選手のスカウトに苦労したり、チーム自体も廃部寸前になったこともありましたが、原監督の地道な指導が実を結び、２０１６年の出雲駅伝で2年連続3回目の優勝を皮切りに、２０１６年全日本大学駅伝優勝、２０１７年第93回箱根駅伝で3年連続優勝と「大学駅伝三冠」を達成しました。

原晋監督のこれまでの人生は、必ずしも順調であったわけではありません。本人は、選手としての箱根駅伝の出場経験はなく、実業団での選手生命も怪我のため、わずか5年で終わっています。彼はそれにも負けず、地道な努力を重ねて、ようやく実を結んだといえます。今日の聖書の言葉にも人生に勝利をするための秘訣が書かれています。共に聖書の言葉を学んでいきましょう。

①社会や他の人のために良きことを行なうこと

6章9節には、「たゆまず善を行ないましょう。」とあります。7節には、「人は、自分の蒔いたものを、また刈り取ることになるのです。」次の8節には、「自分の肉に蒔く者は、肉から滅びを刈り取り、霊に蒔く者は、霊から永遠の命を刈り取ります。」これらの言葉はどういうことかと言うと、「自分のためにではなく、社会の為、他の人々のために良きことをしましょう」ということになります。そういう人の人生を神様は祝福して下さると言っているのです。

神様という言葉が好きでないのなら、みんなだって、自分勝手なことばかりしている人は好きじゃないでしょう？　自分勝手なことばかりしている人は最終的には人々からもいつか嫌われてしまいます。反対に、社会のため、人のために頑張っている人は最初はしんどいかもしれないけれど、そういう人の周りにはいつか多くの人々が集まってきてその人を助けてくれるのです。社会や他の人のために良きことを行なうことが私たち自身の人生を祝福にするための一つ目のポイントになります。

②あきらめないで続けること

9節には、「飽きずに励んでいれば」とあります。皆さんの中には、今までの人生の中で、良いことをしても時にはそのことに飽きてしまったり、励まなくなり、最終的にはやめてしまったりしたことはなかったでしょうか？

ある人は、社会や人のために良いと思ったことをしても、こんなことをしても無駄だと思ったり、誰からも評価をされず孤独になってしまったりして気持ちがなえてしまい、やめてしまうのです。

でも、今日の聖書の言葉には、はっきりと書いてあります。「飽きずに励んでいるならば」必ず事は良き方向に変わっていくと。皆さんはどう思いますか？「私には絶対に無理だ。」と思ってしまいますか？　誰だってはじめは何もできないし、上手くはいかないものです。「上手くいくためには、上手くいくまでやめないこと」です。「あきらめないで、続けること」「飽きずに励むときに」あなたの人生は変えられるのです。これが二つ目のポイントになります。

③チャンスを逃さないこと

次に、聖書には、「時が来て、実を刈り取ることになります。」と書いてあります。ここで注意しなくてはならないことは、「すぐに」とか、「自分が良いと思った時に」とは書いていないのです。ただ「時が来て」としか書かれていないのです。つまり、その時がいつ来るのかは私たちにはわからないということです。

だから、「時が来た時に」しっかりとその時、チャンスを見逃さないことが大切になるのです。ここに、難しさがあります。社会や他の人のために何かをこつこつしたとしても、いつ結果が出るのかわからないことは誰にとっても辛いことだと思います。ある人は、良いチャンスに巡り合ったとしてもそのチャンスがわからない、あるいは、チャンスをものにできない人が多いのです。チャンスが過ぎ去ってからあの時がチャンスだったと言っても遅いのです。

あなたが今していることは、必ず時が来たら、結果が出るのです。そのことを信じつつ、チャンスを見逃さないことが大切になってくるのです。

最後に、こんな話をして終わりたいと思います。１９７７年のアメリカ映画で「ジョーイ」という作品があります。これは実際にあった話を元にして作られました。ペンシルバニア大学のアメフト選手ジョン・キャパレッティは、平凡な学生生活を送っていました。しかし、ある時、11歳の弟のジョーイが白血病と診断されます。

兄のジョンは病気の弟ジョーイのために何かをしたいと考えます。弟ジョーイは兄のジョンに答えます。「次のアメフトの試合でタッチダウンを４回して欲しい」。タッチダウンは野球で言うならばホームラン、サッカーならばゴールを決めることです。しかし、一人でタッチダウンを４回とはほとんど無理なお願いです。

しかし、兄のジョンは白血病のジョーイの願いをかなえるために、タッチダウンを４回します。それ以後も、ジョーイの願いをかなえるためにタッチダウンをしまくるのです。最終的には、２６３９ヤード29回のタッチダウンの記録を残し、１９７３年度の最優秀選手としてハインズマン・トロフィー受賞者になりました。

ジョン・キャパレッティは自分のためにアメフトをしていた時には、レギュラーになるか、ならないかというようなごく平凡な選手でしたが、①白血病の弟のジョーイのために、②あきらめないで努力を続け、そして、③最終的には、最優秀選手に選ばれるまでになったのです。

私たちも、今日の聖書の言葉のように、①社会や他の人のために良きことを行なうこと、②あきらめないで続けること、③チャンスを逃さないこと、を通して自分の人生を歩んでいきましょう。

私たちが人生に勝利するためにしなくてはならないことは

①社会や他の人のために良きことを行なうこと
②あきらめないで続けること
③チャンスを逃さないこと

おわりに

最後まで本書を読んでいただきましたこと、本当にありがとうございました。どのようなご感想をお持ちになったでしょうか？　「自分の人生を変えるために○○をしたい」と思ってくれた人が一人でもいましたら筆者にとってこれ以上の喜びはありません。

私のプロフィールの一部を語らせていただくと、私が小学校の1年生の時に、両親が離婚をしました。私は母親と2人で東京都江戸川区にある古い四畳半一間（もちろん、風呂・トイレはついていません）のアパートで生活をしました。大学も一流大学を卒業している訳ではありません。社会福祉の仕事を経て、大学院に進学しましたが、学費は貯金と退職金とアルバイトで賄いました。

「はじめに」でも触れましたが、名古屋学院大学を退職し、東北学院大学での教員生活を始めるために名古屋から仙台に引っ越した翌々日に東日本大震災に遭遇しました。あれから、8年が経ちますが、今現在でも睡眠不足等に苦しめられています。52年の人生を振り返ると、実にいろいろなことが起きています。でも、そのことをどのように受け止めるのかはその人の考え方によります。聖書はそのことを私たちに教えてくれます。

私は本書を通して、「あなた」に聖書の世界に触れることによっていかに自分の人生を変えることができるのかを体験してほしいのです。たった一度の人生を後悔しないでダイナミックに生きてほしいのです。「聖書がボロボロになるまで読んだ人の人生は決してボロボロになることがない」という世界を実際に味わってみて下さい。

本書は、日本地域社会研究所の落合英秋社長のご尽力なくしてはこの世に出ることは決してありませんでした。この場を借りまして落合社長に心よりの感謝をいたしたいと思います。また、実際に、私のつたない文章をチェックして下さいました日本地域社会研究所出版局編集部の矢野恭子さん、東北学院大学の高橋奈津子さんに心より感謝いたします。

私が大学礼拝で聖書からのメッセージを語るきっかけを与えてくださいました東北学院大学宗教部、東北学院大学教職員、学生の皆様に心より感謝いたします。

また、本書に素敵なイラストを描いてくださいましたイラストレーターの田中淳さんに感謝いたします。また、本書を手にとって下さいました、素敵な「あなた」にも心より感謝いたします。

GOD BLESS YOU

２０１８年11月１日

東北学院大学教養学部地域構想学科　大澤　史伸

参考文献

『新実用聖書注解』　宇田進・富井悠夫・宮村武夫編（いのちのことば社）
『聖書ハンドブック』ヘンリー・H・ハーレイ（いのちのことば社）
『聖書66巻がわかる』クリスチャン新聞編（いのちのことば社）
ウィリアム・バークレー聖書註解シリーズ（ヨルダン社）

その他、新聞・雑誌・インターネットを参考にしました。

著者紹介

大澤史伸（おおさわ・しのぶ）

専修大学大学院文学研究科社会学専攻修了。博士（農学）：酪農学園大学。現在、東北学院大学教養学部地域構想学科准教授。

社会福祉士、精神保健福祉士。

1966年生まれ。小学校1年生の時に両親が離婚。東京都江戸川区で母親と4畳半一間のアパートで暮らす。大学進学後、下宿先の近くにあった日本ルーテル教団大麻ルーテル教会（大和淳牧師）に通うようになり、大学卒業間近に洗礼を受け、クリスチャンになる。

東北学院大学では、社会福祉概論、福祉サービス論を担当する。また、大学礼拝で説教も行なう。アジア教会成長神学院、中央聖書神学校研究科修了。現在は、日本福音ルーテル仙台教会に通い、教会に来る郵便物の整理を楽しんでやっている。

著書

単著に、『農業分野における知的障害者の雇用促進システムの構築と実践』（株みらい、2010年）、『福祉サービス論－ボランティア・ＮＰＯ・ＣＳＲ－』（学文社、2014年）、『聖書のパワー物語　人生を変える20の秘訣』（日本地域社会研究所、2011年）など。

共著に、『反福祉論　新時代のセーフティーネットを求めて』（ちくま新書、筑摩書房、2014年）など。ほか、論文多数。

チャンスをつかみとれ！人生《じんせい》を変《か》える14の物語《ものがたり》

2019年1月17日　第1刷発行

著　者　大澤史伸《おおさわしのぶ》
発行者　落合英秋
発行所　株式会社 日本地域社会研究所
〒167-0043　東京都杉並区上荻1-25-1
TEL（03）5397-1231（代表）
FAX（03）5397-1237
メールアドレス　tps@n-chiken.com
ホームページ　http://www.n-chiken.com
郵便振替口座　00150-1-41143
印刷所　中央精版印刷株式会社

ISBN978-4-89022-225-4

日本地域社会研究所の好評図書

教育小咄 ～笑って、許して～

三浦清一郎著…活字離れと、固い話が嫌われるご時世。高齢者教育・男女共同参画教育・青少年教育の3分野で、生涯学習・社会システム研究者が、ちょっと笑えるユニークな教育論を展開!

46判179頁/1600円

防災学習読本 大震災に備える!

坂井知志・小沼涼編著…2020年東京オリンピックの日に大地震が起きたらどうするか!? 震災の記憶を風化させないために今の防災教育は十分とはいえない。非常時に助け合う関係をつくるための学生と紡いだ物語。

46判103頁/926円

地域活動の時代を拓く コミュニティづくりのコーディネーター×サポーターの実践事例

みんなで本を出そう会編…老若男女がコミュニティと共に生きるためには? 共創・協働の人づくり・まちづくりと生きがいづくりを提言。みんなで本を出そう会の第2弾!

46判354頁/2500円

コミュニティ手帳 都市生活者のための緩やかな共同体づくり

落合英秋・鈴木克也・本多忠夫著/ザ・コミュニティ編…人と人をつなぎ地域を活性化するために、「地域創生」と新しいコミュニティづくりの必要性を説く。みんなが地域で生きる時代の必携書!

46判124頁/1200円

詩歌自分史のすすめ ――不帰春秋片想い――

三浦清一郎著…人生の軌跡や折々の感慨を詩歌に託して書き記す。不出来でも思いの丈が通じれば上出来。人は死んでも「紙の墓標」は残る。大いに書くべし!

46判149頁/1480円

成功する発明・知財ビジネス 未来を先取りする知的財産戦略

中本繁実著…お金も使わず、タダの「頭」と「脳」を使うだけ。得意な経験と知識を生かし、趣味を実益につなげる。ワクワク未来を創る発明家を育てたいと、発明学会会長が説く「サクセス発明道」。

46判248頁/1800円